JN410335

이영철 제6시집

도서
출판 계간문예

自序

세월의 수레바퀴가 속도를 더하고 있다. 삶의 순간들에 의미를 부여하고 느리게 보조를 맞추며 살고 싶은데 시간은 쏜살같이 날아가고 있다. 정신없이 빠르게 돌아가는 시간의 파도에 떠밀려 내가 누군지도 모르고 살아가고 있다.

짧은 인생, 일회성의 인생이기에 주어진 생을 행복하게 살고 싶은 게 모든 사람들의 염원이다. 행복하게 살기 위해서는 무거운 짐들을 벗고 가볍게 사는 연습이 필요하다. 내 꼴을 보니 허망한 욕심 때문에 모든 것 내려놓지 못하고 짓눌려 살아가는 모습이다. 아직도 살아갈 날이 많은 푸른 인생인데 지금부터라도 훌훌 털고 하하호호 웃으며 작은 행복에도 자족하는 마음 연습을 해야겠다.

행복은 저절로 만들어지는 게 아니다. 마음의 초점을 행복에 맞추고 살아가는 것이 필요하다. 보기엔 행복한 것 같지만 가슴이 시린 영혼들이 얼마나 많은가.

보기엔 어눌하고 쓸개 빠진 사람처럼 웃지만 행복한 바보도 있는 법이다. 철드는 순간 무덤이니 자유롭게 독특한 색깔로 살자.

혼자서 행복하게 살 수는 없다. 사랑하는 사람들과 어울려서 사랑을 나누며 살아가는 지혜가 필요하다. 언제나 감사의 조건을 찾고 감사의 말을 전하는 사람, 남을 배려하고 남의 말에 귀를 기울여 경청하는 사람은 무엇보다 아름답다. 비우고 비워서 맑은 향기를 내는 겸손한 사람은 모두를 행복하게 하는 사람이다. 사랑공부를 하여 그이의 가슴에 항상 꽃비 내리게 하자.

언제라도 하나님께서 찾으면 갈 수 있게 준비하며 살아야겠다. 빈손으로 왔다가 빈손으로 돌아가는 게 분명한 인생이니 많은 집착들을 끊고 가볍고 멋지게 살아야겠다. 세상의 유혹과 나의 탐욕으로 무너져내리지 않기 위해 날마다 경건의 연습을 해야겠다. 내 작은 정성과 시간들을 바쳐서 도움이 필요한 이웃에게 환하게 나눌 수 있는 마음 그릇을 준비해야겠다.

지금의 멋진 나를 만들어준 모든 사람들에게 감사와 사랑의 악수를 따뜻하게 하고 싶다. 참으로 밝은 나의 딸에게 창공을 힘차게 날 수 있는 푸른 날개를 달아주고 싶다. 항상 나의 비타민이며 나의 끝없는 후원자인 향기 한 점에게 사랑의 꽃다발을 한 아름 안겨주고 싶다.

봄의 한가운데서

행복한 바보를 꿈꾸는 道雨 **이 영 철**

제1부 푸른 인생

제2부 행복한 바보

제3부 우리 사이

제4부 아담

제1부

푸른 인생

가볍게

사람 하나 사는데
뭐가 그리 필요한지
없어도 될 물건 잔뜩 쌓아놓고
파묻혀서 산다

버리고 비우고
홀가분하게 살아도 될 것을
아까워서 게을러서
이고 지고 산다

귀중하고 소중한 것 한 가지
가슴에 품으면 될 것을 잡다한 것
필요 없는 것
노예로 산다.

여행

사람들은 누구나
틀에 박힌 일상을 벗어나
스트레스를 피해
멋진 여행을 꿈꾸네

낯선 세상
낯선 문화
낯선 사람
그 속에서 자유를
약간은 방종을 꿈꾸며
떠나고만 싶어하네

떠나보면 느끼네
걸어보면 아네
사소한 작은 것도
내 뜻대로 할 수 없음을

여행은 벗어나는 것
피하는 것이 아니라
생각하는 것
고독을 느끼는 것
마주 서는 것
나를 발견하는 것
다시 시작하는 것

푸른 인생*

인생길 숨 가쁘게
달려온 것을
넌 알고 있느냐
소먹이고 논 갈다가
공장으로 줄달음친 것을

슬그머니 오더니
정신을 못 차리게 하는
이놈의 인터넷 세상
소통과 창의성를 무기로
구조조정의 칼로,
냉정하게 때론 무섭게
우릴 폐물이라
잘라내고 있네

7080
이 땅
역사의 흐름 속에
그대만큼 다양한 격동의 시대를
살아온 자 있으면 손들어 보라

분자생물학과 의술의 발전들이
우릴 벽에 똥칠하게 살도록 하지만
이미 잘라진 손들은 할 일이 없네
무의미한 날들에 그렇게 당하고만 있는 건
진정 산다고 할 순 없을 거야

누구보다 열심히 젊음을 불태웠던
억눌린 영혼들이여,
삶의 굴레들을 훌훌 던져버리고
하고 싶었던 마음의 소리를 찾아
모래 같은 남은 날들을
자유로운 영혼으로
진정한 내 삶으로

* 푸른 인생 : 정년퇴임은 했지만 아직은 건강하고 해야 할 일이 많은 사람.

5학년 5반*

푸른 젊음의 교만함으로
싱싱한 육체들의 넘치는 세포 꽈리들을
다 터트린 후에
멍한 초점으로
흘러간 세월의 어두운 초상을 그린다

예민했던 감각의 뉴런들은
지각을 왜곡시키고
언제나 빠르게 반응했던
운동신경들은 늘어져서
고장난 기계처럼

머리는 숭숭
이빨은 욱신욱신
혈압은 고고
덜거덕거리는 심신의 고단한 일상을
내려다보면서

늘 청춘의 봄날만 있을 것 같았던
신기루를 못내 아쉬워하며
왜 그렇게 시간의 기름들을 빨리 쳐 버렸는지
왜 작은 행복에 마음의 초점을 맞추지 못했는지
왜 고만고만한 아집을 선뜻 내려놓지 못했는지

아직도
이해하지 못하고 있는지
이해할 수 없는지
기로에 선 그대

* 5학년 5반 : 정신없이 달려온 베이비부머 세대인 55세.

일카페(I' L Caffe)에서

햇빛이 눈부신 날
딱히 할 일이 없는 안식년의 하루
통통 튀는 칸초네 음악이 흐르는
일카페 창가에 앉아

이런저런 생각에 잠기다가
눈길을 살며시 들어
지나가는 행인들을 본다
창 하나를 사이에 두고
오늘따라 난 느긋하고
색다른 편안함을 향유한 채
발가락을 까딱거리며
노래를 흥얼거린다

분요했던 일상들을
잠시 밀쳐놓고
무얼 위해 살았는지
무얼 하며 살 것인지
상념想念의 궤적을 좇다가

멀리 보이는 산의 자태 속에
청정함이 살짝 묻어나는 것을 보면서
혹독했던 겨울의 폭풍이
꽃샘바람을 만들어
나목裸木의 목에 걸더라도
사랑스런 봄의 전령은
연초록의 하트를
온통 그대 손끝에 매달 것을
아메리카노 커피 한잔의 향기 속에서
가만히 음미해 본다.

방사능 비애

모든 일에는 양면성이 있네
좋은 면과 나쁜 면
밝은 면과 어두운 면
긍정적인 면과 부정적인 면

사람들에게 전기를 주고
빛을 주고
동력을 주곤 했던 후쿠시마 원자력 발전소가
대지진과 쓰나미로
신음하며 작동을 멈췄네

냉각할 기제가 멈춰 서 버린 지금
거대한 열은
압력을 견디지 못해 폭발했네

인체에 치명적인 방사능이
바람을 타고 흩어지네
거대한 폭발을 잡을 수 없다면
체르노빌처럼 무서운 사망을 예고하네
최첨단의 과학기술을 자랑하던 일본도
멈춰 서버린 원전의 복구를 전혀 손쓸 수 없네

원전에서 청춘을 불태웠던 53세의 한 연구원
죽음을 무릅쓰고 방사능 오염이 극심한 곳을 향해
오늘 아침 출근을 결정했네
죽더라도 사람들의 생명을 지키겠다는 비장한 각오
등을 토닥이는 아내의 정성어린 격려가
오늘 아침 눈물에 젖게 하네

누군들 생명이 소중하지 않으리
생명을 담보하라는
후쿠시마의 원전
빨리 안정되기를
평화를 되찾기를 소원하네

내 인생의 오후

생각을 내려놓지 못하고
생각에 붙잡혀
며칠을 방황하다가

걷기 시작했네
오직 걷는 것에 집중하면서
여행을 시작했네
새로운 기대로

가도 가도 끝이 없는 길
유목민처럼
단순하게 살아라
내려 놓아라
자족해라

내면의 목소리 듣지 못하고
푸른 들판을 지나
다시 걷기 시작했네
뛰기 시작했네

눈은 쓰리고 침침하네
기억은 어둡고 컴컴하네
살갗은 늘어지고 주름졌네

생각을 잡아라 하네
생각을 놓아라 하네
놓을까 잡을까 늘 망설이는
내 인생의 오후

구안와사

초청하지 않은 손님이
어느 날 갑자기
나를 찾아왔다
불청객이라고 밀어낼 수도 없는 그대
난 왜 그대가
나의 지친 심신의 집에 들어와 살려고 하는지
그 이유를 모른다

나만 모르는 것이 아니라
전문가인 의사선생님도 모른다
오직 한 분, 그분만이 아신다
내가 나의 의지대로
내 얼굴 근육을 움직일 수 없다는 사실을

얼굴의 주름을 펴려고
열심히 침을 맞고
마사지했던 일들이 스쳐가네
이제 내 얼굴의
오른쪽 주름들은 다 펴졌네
하지만 나만이 느끼는
언밸런스한 나의 얼굴

인생의 계급장 얼굴 주름에
아침마다 벌떡 일어났던 몸뚱어리에
큰 문제 없이 돌아갔던 정신세계에
왜 감사할 줄 몰랐던고

구안와사
나의 교만에
나의 허풍에
나의 자존심에
브레이크를 걸고
쉬어가라 하네
겸손히 걸어가라 하네
천천히 숨 고르며 돌아보라 하네

진실의 숲

믿음이 중요한 가치라는 것을
못이 박이도록 들어왔고
그렇게 살도록 반복 훈련을 받았었지

그러나 오늘날
진실이 얼마나 될까?
한때는 순진하게
유포되는 많은 사실을 여과 없이 믿었건만
무너진 기대만큼이나
보도되는 사실을 내 나름의 잣대로
가늠한 지 오래되었네

대중매체도
정부의 공식적인 보도자료도
현란한 광고도
이젠 한 걸음 물러나서
진실의 숲 사이를 산책하게 되네

안전하다는 말은 안전하지 않다는 말
원전의 공포가 사실임에도
숨겨야 하는 절박한 현실이
이해가지 않는 바는 아니지만
인간의 생명이 담보된다면
무엇보다도 정직에 우선해야 할 것

우린 진실을 시험당하고 있네
일본 후쿠시마 원전 사고 앞에서

소유의 종말

제레미 리프킨의 『소유의 종말』 속에
푹 빠져 있는 동안
옆 좌석에 앉아 있는
이방인들은 소유로 논쟁을 넘어
언쟁을 하고 있다

정확히는 모르지만
강조되는 말소리는 분명
금전의 부채와 소통의 부재

말소리가 높은 것으로 봐서
남쪽 지방의 사람들인 듯
빡빡머리의 눈길 사나운 조폭 한 명
그리고 두 명의 똘마니
상대편은 인상 고약한 두 아주머니와
날라리 같은 중년의 남자다

옆 좌석의 난 안중에도 없는 것처럼
스스럼없이 불쾌의 화話살을 허공에 쏴 대면서
전쟁을 치르는 동안
난 그들의 대화가

상당히 귀에 거슬리나
방해되니 조용하란 말 한 마디 못하고
괜한 눈치만 살피고 있다

소유에 뒤엉킨 친인척 간의 스토리가
오해와 이해의 사선을 넘으며
진실을 밝히는 도중

소유의 종말을 고하는 이론 속에
난 조금은 헷갈리면서
인간관계 속에 피어나는
카멜레온 군상群像들의 변장술에
속이 울렁거리고 메스껍다.

창조

변화의 물결이
변화를 요구하며
목을 옥죈다

노동자에서 경기자로
정규직에서 임시적으로
일보다는 유희를
근면보다는 창조를
안정보다는 유연하고 순간적인
이념보다는 감정에
텍스트보다는 이미지에

새로운 양식에
새로운 생활에
새로운 패션에
새로운 스타일에
새로운 패러다임에

변화하라
파괴하라
과감히 혁신하라
가상의 세계에
소유의 무거운 짐을 벗고
가볍게 더 가볍게
숨 쉬며 살아가라 하네

버킷 리스트

사람은 언제나 꿈을 먹고 사는 존재
어릴 적 무지개 꿈이 아직도 살아있는지
아님 세월의 풍파 앞에 모두 녹아내렸는지

2008년 「버킷 리스트」라는 영화를 보았었지
두 늙은이의 꿈을 적은 종이는 버킷 리스트라 했고
난 더 늦기 전에 버킷 리스트를 작성하여
인생이 끝나기 전에
해 보고 싶은 일에 도전하리라 다짐했었지

세월이 왜 그리 빨리 갔는지
종잡을 수 없네
50을 넘어서니 얼마 남지 않은 두루마리 휴지처럼
한꺼번에 쫘악 풀리는 느낌
내 몸을 고속으로 통과하네

아직도 달성하지 못한 리스트가 많은데
아직도 해보고 싶은 꿈이 생기는데
인생 끝날 때까지
비워지고 채워질 나의 버킷 리스트

자화상

나의 자화상이 어디에 있나
친구들의 모습을 보는 순간
나의 자화상이 떠오르네
주름진 얼굴
벗겨진 머리
볼록 나온 인격
헐렁한 양복
닳아진 신발
영락없이 영감들이다

부인할 수 없는 노화현상
세월아 너는 그 비밀을 알고 있겠지
우리의 초상화가 왜 이렇게 일그러졌는지

내 몸과 마음이 갈수록
온유해지기를
웃음 가득하기를
행복하기를
지금부터라도 멋진 자화상이 그려지길
소원해 본다.

헤어스타일

사람들은 나의 헤어스타일을 두고
베컴 머리라니
아톰 머리라니
질투 반 부러움 반
입방아를 찧어댄다
내 나이에 어떻게 그런
변신을 할 수 있느냐고

아침마다 미용실에 가는지
사모님이 머릴 만져 주는지
모두가 무척 궁금하나 보다

우리 집 내무부장관 왈
머리숱이 많아야지
얼굴이 계란형이라야지
머리가 빳빳하게 힘이 있어야지
그런 스타일 만들지
마음속의 로망인 사람 대부분이라고

누군 하얀 머리가 있어 더욱 멋지다고 하고
누군 포스트모던이라 하고
누군 폭탄 맞았다고 하고
누군 왜 머릴 안 빗었느냐 하고
누군 5센티미터 키가 커졌다 하고

변한다고 죽지 않아
다들 지 바쁜데 쳐다보기나 하겠어
나만의 독특한 개성을 나타내보자
과감히 도전한 철없는 생각은
나의 브랜드가 되고
멋이 되고
나의 인생이 되리라

100세의 초상

은퇴 후 살아갈 날들이 많다며
이제는 100세에 초점을 맞추라고
보험회사들과 건강식품들이 유혹하고 있다

건강하게 살아야
나도 주위도 행복할 텐데
주위를 돌아보니
노인요양병원은 늘어만 가네

내 의지대로 살지 못하고
산다는 것은
행복한 인생이라 할 수 없겠지

산 좋고 물 좋은 곳
적게 먹고
자족하며
자연스럽게
건강하게 사는 곳
그 어디일까

현대인은
서구식단과 환경오염 속에서
약과 의술로 생명만
연장하려는 건 아닌지
물어보고 싶다

자족하는 마음
행복한 마음
건강장수를 향한 지름길

연금에 대하여

연금으로 받을까
일시불로 받을까
논쟁이 한창이다

살 날이 많으니
당연히 연금이지
자식새끼 넘봐도 안전하니
당연히 연금이지

일시불로 받았다간
언제 쪽박 찰지 몰라
자식새끼 이긴 애비
본 적이 있는감

연금수령자
매월 행복하네
일시불 수령자
매일 골치 아프네

우울한 날

자기를 위해
다른 사람을 이용하는 사람들
자기의 것에만 집착하여
악취가 나는 사람들
남이 잘되는 것을 너무나 배 아파
질투하는 사람들
자기를 대접하지 않는다고
끝까지 보복할 날을 기다리는 사람들
순수한 마음으로 사는 것이 어렵다는
세상의 이치를 알아버린 날
심하게 기운이 가라앉으면서
이름 모를 슬픔이 나를 감싼다

세상이 때론 너무나 메마르고
무섭다는 것을 알아 버린 날
이웃을 향하여 팔을 뻗기보단
아무 생각 없이
끝없이 나락으로 떨어지는 기분이다
바보가 되면 괜찮을 텐데
너무 우울한 날

우리 밀 칼국수

우리밀 칼국수
옹기종기 머리를 맞대고
보글보글 야채 샤브샤브를 맛나게
동동 뜨는 칼국수를 후루루
까만 김 가루와 빨간 당근으로
따닥따닥 밥을 볶아 먹다가
하얀 백김치 한 입 베어 물고
하하
빨간 김장 김치 한 입 베어 물고
호호
싱그랭이*에선
행복이 포만으로 잘도 익는다

정감이 넘쳐나는
골동품 카페
빨간 장작불에
군고구마 노랗게 익어가고
맛있는 원두커피
7080 노래 속에
쪼르르 미끄러져 흘러내리네

젊은 아가씨 배불러 죽겠다면서
감미로운 아이스크림을
입가심으로 쪽쪽 빨아대는
싱그랭이에선
젊은 부부가 오늘도
낭만을 펼치고
추억을 새기며
사랑을 섞어서
행복을 노래 부르고 있다.

* 싱그랭이 : 익산시 춘포면에 있는 칼국수 집.

억새꽃

강가에 억새꽃
지천으로 피었다
바람에 일렁이는 모습
백발의 신사 같구나

멋있어야 할 백발의 신사는
올해 따라 유난히 가을을 탄다면서
허한 가슴을 부여잡고
고독을 노래하네

백발의 신사여,
멋도 한순간
곧 앙상한 뼈만 남은 채
억새꽃을 새하얗게
멀리멀리 날리며
새털처럼 가벼웁게
걸어 갈 길 보고 있나?

드라이브 인생

남들은 한 번도 못 가보는 길을
많이도 달렸다
비가 오나
바람이 부나
눈이 오나
가리지 않고

석유회사에 많은 돈을 갖다 바치며
때론 경찰의 몰래카메라에 세금을 바치며
달나라 두 번 넘게 갔다 왔네

노심초사하던 때를 잊어버린 것처럼
사계절을 즐기며
때론 스트레스까지 날리며
쌩쌩 질주해왔네

산 넘어 산
물 건너 물
앉으면 가고
앉으면 오는 드라이브 인생인 것을

제2부

행복한 바보

행복이란

아침 침상에서 일어날 수 있음을 감사하고
살아있음을 기뻐하는 것
맛을 느낄 수 있음을 감사하고
맛있게 음식을 먹는 것
보이는 것에 감사하고
책을 읽고 경치를 감상하는 것

다리에 힘 있음을 감사하고
산책을 하거나 여행을 하는 것
잠 잘 수 있음에 감사하고
단잠을 자는 것
친구가 있음에 감사하고
만나서 같이 밥 먹고 대화를 나누는 것

행복은 크고 거창한 것이 아니라
일상에서 느끼는 작고 소소한 것
느끼지 못했던 감사의 조건을 발견하는 것
슬픈 소식엔 꺼이꺼이 같이 울고
기쁜 소식에 함박꽃처럼 환하게 웃는 것

잠자리에 누워

가난했던 시절
사는 날들이 왜 이렇게 힘들지
생각하곤 했었지

하지만 지금 잠자리에 누워
걸어온 세월을 더듬어 보니
힘든 날들도 다 은혜의 순간이었음을
감사하고 기뻐하네

좋은 사람 만나
지금까지 행복하게 살아온 것
신기하고 놀랍기만 하네

빛이 없었던 어두운 시절
희망이 보이지 않고 깜깜했던 암울한 시대
고비 고비 잘 넘어온 것을
가슴 깊숙이
행복한 느낌으로
바라볼 수 있음에 감사하네

감사 근육

늘어진 근육들이
쭈글쭈글
보기에도 안쓰럽다

싱싱한 젊음들처럼
젖가슴 밑에다
식스팩을 만들어볼까
맛있는 초콜릿을 붙여 볼까
감히 도전장을 낼 생각은 하지만
눈앞이 캄캄한 것은 사실이다

몸뚱어리의 근육을 붙이기도 힘든데
마음의 근육을 탱탱하게 할 수 있을까
매일의 삶 속에서
감사의 조건을 찾아보자

사건 속에서
사람 속에서
어려운 가운데서
힘든 가운데서
가슴이 무너져내리는 날에도

누가 보아도
언제 보아도
아름다운 감사 근육을
이 나이쯤엔

당신의 꿈

당신은 당신만의
이루고 싶은
꿈 공책을 가졌는가

꿈을 생각하고
예쁜 꿈을 그려 놓은 공책을
당신은 가지고 있는가

당신이 되고 싶은 당신이 없다면
먼 훗날
인생이란 거친 바다에서
늘 지치고 힘든 삶을
살게 될 것

당신의 인생이 어렵고 힘들수록
당신의 사랑하는 꿈을 붙잡고
절대로 포기하지 말 것

당신의 열정 덩어리
당신만의 소중한 꿈을 그대 가졌는가?

선물

내 마음이 가 머무는 곳에
선물이 배달된다
모두들 선물받기를
학수고대하네
마음의 끝은 맞추지 않은 채

선물은 감사의 표시
주는 것이 마냥 기쁜 것
받는 사람이 기뻐하는 모습을
그리며 마음 넉넉해지는 것

정성스런 선물
오래도록 마음을 감동시키네
그런 선물
주고 싶고 받고 싶네

행복한 바보

너무나 복잡한 세상
어떻게 하면
행복한 삶을 살 수 있을까

현대인은 항상
행복을 노래 부르지만
행복은 저 먼 곳에 있구나

단순하게 살아야지
흐르는 물처럼 살아야지
언제나 허허롭게 웃어야지
바보처럼 살아야지

행복이 내게
손님처럼 찾아와
친구가 되고
내 삶의 주인이 되도록

내려놓고
비워내고
맑게
밝게

행복한 바보처럼
살고 싶어라

고독 끝

외롭고 쓸쓸한 고독은
생각을 막고
말을 줄이고
혈류를 막고
사람을 서서히
망가뜨리네

고독의 샘 속에서
유희遊戱의 두레박을 내릴 수 있다면
황무지 속에서도 자신을 돌아보고
선인장처럼 화려한 꽃을 피울 수 있다면

하하호호 크게 웃음을 터트리고
유머로 분위기를 반전시키며
재잘재잘 수다 떨며
고독을 날려 버릴 수 있다면

고독 속에 갇혀
우울의 샘을 파는 이들이여,

약간은 유치찬란하게
내 속을 까발리며
있는 그대로의 모습으로
재미있는 발상으로
소통의 흐름을 회복시킨다면

고독 끝
룰루랄라, 행복 시작!!

행복 프로젝트

행복아 어디 있느냐
나는 너를 찾다
목이 쉬고
열이 나고
서서히 지쳐가고 있다

일상의 소소한 일들에
자족하지 못하고
하루살이처럼 탐욕에 빠져든다면
행복 손님은 떠나고
초청하지 않은 불행 손님이
나를 이리저리 끌고 다니겠지

기쁨이 넘치는 인생을 위해
사랑하는 사람을 위해
작은 행복 프로젝트를

화려하지 않아도 좋아
돈이 많지 않아도 좋아
유성같이 짧은 인생에
행복 경험을 같이 나눌
사람들과 어울려

재미있는 일들을 하나 둘
가슴 뛰는 일들을 하나 둘
나만의 작은 행복 프로젝트를 하나 둘
밑그림 그리고
채색하기

한순간

인생은 순간의 연속
순간에 몰입해라

불안에 마음 뺏기지 말고
잡념에 마음 뺏기지 말고
질투에 마음 뺏기지 말고
욕심에 마음 뺏기지 말고
TV에 마음 뺏기지 말고

오직 한순간
온전한 삶을 살아라
자기의 삶을 살아라
지금의 삶을 살아라
혼신의 삶을 살아라
멋지게 삶을 살아라

순간에 행복하고
순간에 감사하고
순간에 몰입하고
순간에 미쳐보며

아름다운 잔치*

지적장애인을 사랑하는
아시아의 우정들이
아름다운 제주에 함께 모였다

아시아의 지혜로
문제의 해결책을 논하는
혜안들의 잔치

나라마다 다른 상황
다른 정책
다른 인적자원

행복한 바보들의
풀리지 않는 수수께끼들을
풀고 있다.

* 第20차 아시아지적장애인대회 : 2011년 8월 제주라마다플라자호텔에서 약 20개국의 지적장애인, 부모와 전문가가 모인 국제대회.

알함브라궁전

아름다운 궁전
알함브라
하얀 모자를 쓰고
언덕 위에서
행복한 세상을 조망하고 있네

상상할 수조차 없는
예쁜 집을 짓고
사랑의 예술로
치장한 흔적마다엔
오늘따라 아름다운 슬픔이
배여 있구나

기둥에 기대서서
천 년을 넘어
화려했던 시절을
더듬어 보네
파란 하늘을 날고 있는
새 떼들은
내 마음을 이미 알고 있는 듯
어지럽게 날고 있는데

생명의 물을 따라
이곳에서
영원의 꿈을 새겼던 무어(Moor)인*들은
피눈물을 흘리며
떨어지지 않는 발걸음을
애써 옮겨 갔겠지

아름다운 사랑의 슬픔
알함브라궁전

* 무어인 : 8세기경 이베리아반도를 정복한 이슬람교도.

느리게

느리게 산다는 것
여유롭게 산다는 것

빨리 빨리
일상이 된 우리의 삶에서
느리게 산다는 거
많은 거 포기하고
고독하게 산다는 것

느리게 살리라
다짐하고 실천하지만
밥 빨리 먹고
운전대 잡으면 쏜살같이 달리고
뭐든지 후딱 해치우려는
이 마음으로는

느리게
여유롭게
살긴 힘들겠지

생각하는 대로

지금의 나는
어제 생각한 나이고
오늘 생각한 나는
내일의 나의 모습

생각하는 대로
만들어지는 게 인생이라면
좋은 생각
멋진 생각을 늘 할 순 없을까

불행을 행복으로
아픔을 기쁨으로
가난을 풍요로
실패를 성공으로

생각의 물꼬를 전환할 수 있다면
주어진 삶에 최선을 다하며
작은 성공의 연습을 통하여
늘 행복할 수 있겠지

웃음

혼자 있는 시간이
참으로 늘어가는 요즈음
웃을 날도 줄어들고 있네

웃는 연습을 하려고
작은 거울을 들고
하~하하하하
호~호호호호
히~히히히히

얼굴 근육이 제대로
펴지질 않네
스트레스로 고착된
미운 얼굴이 나를 빤히 쳐다보네

내 싱그런 얼굴은
어디로 갔는고
웃으면 건강에 좋다는데
얼굴도 탱탱해진다던데
혼자 웃으려니
실성한 놈 같네

웃음이 저절로 터지지 않는 것은
순수하지 못하기 때문
유머로 개그로
남도 빵!
나도 빵빵!
환하게 웃음빵을 구워나 볼까

단풍놀이

지금 한반도는 단풍으로
서서히 물들고 있다
나는 나만의 단풍놀이를
대구에서 삼례까지
고속도로를 달리며
매주
통 크게
즐기고 있다

크고 작은 산들은
저마다 독특하게
얼마 남지 않은 가을날을 위하여
가슴속에 품어온
화려한 그림물감들을
울긋불긋 쏟아내고 있다

추풍령을 넘어
영동에서 옥천으로 들어서면
낯익은 추경산수화秋景山水畵가 정겹고
봄의 신록이 아름답던 산
가을 단풍도 아름답구나

높고 푸른 가을하늘
흰 구름 몇 점
깊어가는 가을을
나와 함께 즐기고 있네

배려

나이가 들수록
쉽게 삐짐할 수도 없고
성질낼 수도 없다
그랬다간
속 좁은 놈
밴댕이 같은 놈
삐돌이라고 손가락질 받기 일쑤다

나이가 들수록
우아하게 웃으며
여유 있게 받아들이며
상대를 먼저 생각하는
마음의 자세
경청과 칭찬으로

밥 한 그릇 사면서
생색내지 않고
기쁜 마음 환하게 전달되도록
푸근한 마음 확 느껴지도록

마음 씀씀이
세심하게 헤아리는 것
내가 닦아야 할
삶의 평생 숙제

만남

꽤 오래 소식이 끊겼던
미국 사는 친구에게서
조심스럽게
이메일이 왔다
구글을 통해 나를 찾았다고 하면서

나는 서둘러 답메일을 했고
몇 시간 지나지 않아
친구의 그리운 목소리가
전화기를 타고 반갑게
내 귀를 두드렸다

잘 있냐고
이사를 했고
이메일도 바뀌어서
소식불통이 되었다면서

며칠 내로 한국에 올 거라면서
얼굴 보고 싶다고
만나서 그간의 회포를 풀고 싶다고
딸 아들 시집보내고

벌써 할아버지가 되었다면서
유수 같은 세월을
넋두리하네

난 추억의 앨범을 찾아
10년간의 생태적 반응이
친구를 어떻게 변모시켰을까
미리 상상해보네

살아갈 날

때론 죽음을 본다
시퍼렇게 살아있는 사람을 보며

살아있음이
죽음에 연계되어 있다는 생각
나를 열정으로 살게 한다

죽음도 삶의 일부인 것을
편안하게 영접하는 마음 훈련을
슬픔보다는 행복한 생각으로

세상에 와서
좋은 친구들을 만났으니
얼마나 행복한가
사랑하는 사람과 멋진 곳을 여행했으니
얼마나 즐거운가
젊음들의 삶에 보탬이 되고자 했으니
얼마나 기쁜 일인가

아름다운 추억을 고이 간직하면서
살아갈 날
고개 숙인 벼이삭처럼
낮은 겸손으로
모두에게 향기 나는
삶으로 채색되고 싶다.

예쁜 입술

지금 내가 여기 서 있는 것
살아오면서 많은 사람의
수고와 헌신
눈물과 정성
배려와 가르침
우정과 사랑이 있었기에
가능했던 것

돌아보니
난 그 많은 은혜에
적절하게
감사의 표현도 하지 못했네
인생은 생방송
놓치면 돌아갈 수 없는 강물인 것을

감사의 마음을 전달하는
예쁜 입술을
따듯한 손을
부지런한 발을
나에게도 허락하소서

제3부

우리 사이

수줍은 고백

쑥스러워 고백할 수 없는 사랑의 말을
조금은 까놓고 할 수 있잖아
지금껏 못해 온 사랑의 고백
전화기에다 대놓고
'내 많이 사랑하는 거 당신 알제.'

당신 약 먹었나
안 하던 짓 하면 일찍 죽는데이
카면서도 속으로는 분명히 좋아할 끼다
속에 있는 사랑 어찌 알끼고
뱉어내야 알제

지금껏 안 해본 사랑의 말들을
경상도 사나이 존심 버리고
더 세월이 가기 전에
더 늙기 전에
한 다발 그녀의 품에 안기면

말년 인생
짱! 해뜰 거야

애교 전략

단발머리 휘날리며
도도하던 그대
이젠 조금은 자존심 상하는
나의 말 화살에도
능청스런 웃음 방패로
살짝 막아내네

전엔 듣고 싶어도
해주지 않던
값비싼 애교를
이젠 닭살 돋게
느끼하게 잘도 해대네

당신도 아는 거지
애교의 약발을

순간의 사랑을 위하여

젊은이는 자신이
영원히 살 거라고 믿지만
인생의 바퀴가 돌아가기 시작하면
도저히 멈출 수 없다는 것을

인생이 긴 것 같지만
여름방학보다 더 짧은 것을
시간보다 더 짧은 것을
순간보다 더 짧은 것을

인생의 과제는 무엇보다
사랑하는 순간을 놓치지 않는 것
서로를 사랑하는 것
관대하게 서로를 보살피는 것

사막 같은 인생 속에
순간순간 사랑의 흔적을 새기기 위해
소중한 작은 일들을 만들고
때론 감동적인 프로젝트를 세우고
말로만 끝내지 않고
꼭 실행하도록

다짐하고
또 다짐하는 것

순간의 사랑이
영원토록 살게 하는 것

차이

당신이 나와 다르다는 걸
진작부터 알고 있었지만
때론 왜 그것이 용납되지 않고
짜증부터 내었지

삶이란 긴 질곡 속에서
항상 좋을 수만은 없었겠지만
그래도 생각해 보면
당신을 온전히
사랑의 눈으로 바라보지 못한
나의 못난 탓이려니
용서해 주오

사랑하는 사람을 곁에다 두고
항상 있기에
그 소중함을 모르는
잔머리 굴리는 바보가 되지 않도록
사랑은 마음 갈고 닦아야 하는
인생 최대의 과제임을
늘 잊지 않도록

차이를 인정하고 수용할 수 있게
당신의 장점만을 바라볼 수 있게
편협하고 옹졸한 마음의 끈들을
훌훌 털어버릴 수 있게

지나고 보면 순간인 인생
지나고 보면 더 찰나인 인생
멋진 추억으로
밝은 웃음으로
당신에게 늘 새기고 싶소

우리 사이

사랑에 목숨을 걸고
아웅다웅하던 때가
행복했었지

서로가 깎여서
이젠 둥근 조약돌처럼
우린 연인 사이를 지나
친구가 되었나

다 까발리지 않아도
이심전심
서로의 속내를 훤히 꿰는
사랑과 우정 사이

경고

부드러운 손을 맞잡고
따뜻한 온기를 전할 수 있는
순간이 얼마 남지 않았다

따뜻한 입술의 감촉을 통하여
사랑을 전할 수 있는 기회는
얼마나 남았을까

허리를 껴안으며
가슴 뭉클한 포옹을 할 날은
손가락을 꼽을지 모르겠다

사랑을 하고 싶지만
마음먹은 대로 할 수 없는 순간이
내려놓아야 할 시간이
먹이를 발견한 하이에나처럼
서서히 다가오고 있다.

측은지심

한때는 대립각을 세우며
무던히도 그대를 고치려 한
나를 용서해 주오

차이를 인정하고 받아들이지 못한
나의 미성숙함을 너그러이
이해해 주오

그대를 사랑한다 해놓고
조금도 손해 보지 않으려 했던
이기심 많은 나를 받아 주오

그대를 바라보는 나의 마음이
어느 날 측은지심惻隱至心으로
살며시 다가 왔소
그대가 한순간
연약한 여자로 보이기 시작했소
내가 싸울 상대는 그대가 아님을
그대는 나의 십자군
나의 비타민
언제나 그대는 내 편임을 알기에

나도 그대 위해
충실한 악동이 되기로 했소
어떤 일이 있더라도
처음 선택과 결정을
변하지 않기로
마음속 깊이 결심했소

수성못 연가

한때 수성못은 연인들의 데이트 장소
호반에서 커피 한잔을 마주 놓고
사랑의 줄 당기기를 하다가
둘이서 꼬옥 손잡고
황량한 못 둑에 나란히 서면
사랑의 밀어는 바람을 타고
가슴속을 요동쳤지

다정한 척 뻥과자를 서로 베어 물며
걷던 추억의 길은 이제 사라지고
온통 사람들로 발디딜 틈 없네

화려한 분수 쇼는 우리의 발목을 잡지만
아련한 추억이 오늘따라 새삼스레 그립네
그녀는 어디서 무얼하며 살고 있을까
멋진 남자 만나 행복하게 살고 있을까
누구에게나 이루어지지 않은 첫사랑은
신기루처럼 날아갔네

연인처럼 손을 꼭 잡고 걷는
우리 부부의 낭만 산책
젊은이의 가슴 뛰는 사랑은 아니지만
수면에 어리는 화려한 야경 속의
주인공이네

파출부

주말에 생긴 조금의 여유가 나를
파출부로 만들었다
운동삼아 하던 청소는
집안 구석구석 무엇이 있는지
꿰뚫게 했고
싱크대에 넘치는 그릇도
보이는 쪽쪽
거품 마사지해 주면
기쁘다고 반짝반짝 해맑게 웃었네
오랜 주말부부
쌓인 내공으로 반찬도 만들고
요리도 해 보네
힘들면 파출부 부르라고
지금껏 노래해 왔지만
내 말 듣지 않네
파출부派出婦보다 파출부派出夫가 좋은가 보지

나는 고학력의 파출부라
파출비가 만만치 않다고
위협해 보지만
알았다고 대답만 하고선
베시시 쪼개기만 하네

청소하는 데 힘들지? 안마해 줄게요
너무 맛있어! 어떻게 만들었어요?
칭찬에 약한 세상의 모든 남자들처럼
나도 어이없이 쓰러졌네
하지만
귀에 걸린 당신의 째진 입
나를 행복하게 하네

정사

서로의 푸른 마음을 나누는
기분은 어떨까?

사람들은 정을 나누는 일을
내가 하면 멋진 로맨스라 하고
남이 하면 불륜이라고 한다

꿈과
비전과
아이디어와
행복과
한바탕 정사情事를 나누고 싶다.

사랑의 비빔밥

건강식으로 각광받고 있는 비빔밥
보기도 좋아요
맛도 있어요
어울려서 먹기는 더욱 좋아요

하얀 쌀밥 위에
오색나물 가지런히
고추장 한 숟갈
계란 노른자 한 개
맛있게 비비면
어울려서 내는 맛
기가 막혀요

너와 나, 우리 속에
자비의 나물
사랑의 양념 듬뿍 넣고
조물조물 맛있게 비비면
기막히게 아름다운
사랑의 비빔밥
만들 수 있을까

반려동물

십여 년 전에 미국에서 본 풍경
개들의 천국
개를 위한 음식이 어찌나 다양하던지
정기검진을 위한 병원
전용 미용실
온갖 패션으로
뼈다귀 장난감까지…
참 별난 세상이구나 싶었다

우리나라도 반려동물이
넘쳐나고 있다
텅 빈 집집마다
귀여운 자식 자릴 차지하고서
꼬리를 흔들며
주인의 사랑을 독차지하고 있다

애기처럼 안고 다니는 사람
신발 신겨서 산책시키는 사람
머릴 염색하고 리본으로 묶은 사람
예쁜 옷을 입힌 사람
그야말로 지극정성이다
반려동물이니까

개에게도 개권이 있다
개다운 삶이 필요하다
개다운 삶이 반려동물로
인간 옆에서 사는 걸까
오늘 아침 문득 이런 생각들이
번개같이 머리를 스치며 지나갔다

그 사랑 인간에게
돌릴 수 없음은
왜일까
여러 가지로 궁금한 아침이다.

아이(I) 브랜드

여자들이 미치는 명품 핸드백
부르는 게 값이라네

젊은이들 선호하는 대기업체
못 들어가 안달이네

강남 부자 선호하는 외제차
남들 안 타는 차만 고른다네

브랜드 값이 천정부지일세
브랜드가 밥 먹여주네

모든 가슴속의 영혼을 울릴 만한
아이(I) 브랜드

내가 세상에 전하고 싶은
나만의 메시지는 무엇인가?

내 삶의 이야기가
전설로 남을 만한 것은 무엇인가?

구절초

고속도로변 산비탈에
옹기종기 구절초
사랑스럽게 피었다

서리 맞은 꽃잎은
바람에 하늘거리고
너의 허리는 개미허리처럼
애처롭기 그지없네

예쁜 너의 자태
보는 순간
나는 이별

지나간 순간의 사랑
기다리지 말아라
돌이킬 수 없는
인생 고속도로
사랑 고속도로

주례사

인생에 단 한 번 있는
순간을 영원히 새기려고
화려한 결혼예식을 치른다

약간은 흥분된 상태에서
사람들은 하얀 면사포를 넘어
어여쁜 신부를 동경하고
씩씩하게 사랑 고백을 하는
신랑의 젊음에 큰 웃음으로 응답한다

친구들은 재잘재잘하면서도
숨어 있는 백마 탄 왕자를 사냥하고
하객들은 하얀 봉투에
축하의 인사를 담아
혼주와 깍듯이 인사를 나누네

인생의 항해를 시작하는
한 쌍의 젊은 연인이여,
결혼은 이상이 아닌 현실이지만
항상 즐거웁게
재미나게

때로는 사랑싸움도 해가면서
아들딸 낳고
백년해로 멋지게 하시라

별이 지다

청바지에 검은 터틀넥 스웨터
스티브 잡스
췌장암 수술 후 계속 여위어 가는 모습으로
우리에게 다가왔던 그가
모든 사람의 소망과는 다르게
조용히 우리 곁을 떠나갔다

인생이란 우여곡절을
남김없이 보여주고
무엇을 위해
열정을 태워야 하는지
어떻게 살아야 하는지를
보여 주었던 그가
풍요와 소통
행복과 꿈을 남기고
모든 슬픔의 눈물을 뒤로 한 채
조용히 하늘나라로 갔다

iPod
iPhone
iPad

iSad

삶이 발견한 최고의 것
죽음이라고 하면서

하얀 손을 흔드는
갑장 친구여!
안녕,
뜨거운 슬픔의 눈물 한 줌
그대를 위해 바치노라

사랑 타령

유행가를 들어보니
몽땅 다 사랑 타령이구나
순수한 사랑노래 있지만
가물에 콩 났고
간혹 가다 최근 것은
낯 뜨겁게 노골적이야

사랑은 아무도
풀 수 없는 수수께끼
사랑의 큐피드를 잘못 쏘면
성폭행으로 감옥 가고
눈 맞아 사랑하면
황홀로 홍콩 가네

한순간의 탐욕을 주체하지 못한 채
자유연애의 포로가 되어버린 그대여,
채워 줄 수 없는 욕망을
넘쳐나는 야동으로 풀면
그건 빈껍데기 사랑이네
비뚤어진 원조사랑에
불나비처럼 뛰어든다면
사랑 무덤 속으로 들어가는 걸

내가
그대 가슴속에 온전히 살아야
진짜 사랑이지

우린 모두다
지독한 사랑병을 앓는
애증환자

계절의 길목

가을이 왔다
봄여름 지나
가을이 왔다

때론 서리가 내리고
샛노란 은행잎이
길가에 우수수 떨어진다

파란 하늘을 보니
괜시리 눈물이 난다
텅 빈 하늘처럼
가슴이 뻥 뚫려 가는
기분이다

내 마음대로 컨트롤할 수 없는
시간의 수레바퀴는
준비되지 않는 겨울을
예고하고 있다

이 가을
난 고독의 노래만 불러야 하나
주위를 돌아보니
온통 막힌 산이다

긴 겨울을
하얀 솜사탕 이불 덮고
달콤하게
그대와 살고 싶다.

후회

'당신만을 사랑해요.' 고백해 놓고
내가 언제 그랬냐는 듯이
무관심한 이 마음을

세상의 좋은 것 다 해 줄 것처럼
늘 허풍 까놓고
정성들여 그대 위해 살아온 적 없는
같은 침대 누웠으나
사랑의 대화보다 늘 딴 소리로
순진한 당신 마음 가시로 콕콕 찔러대던

바쁘다는 핑계로
알량한 자존심으로
사랑의 입맞춤을 한 지가 까맣고
가슴팍이 으스러지게
안아본 지 언제인지 기억도 없다

그냥 그냥 그렇게
사랑 없는 생활에 익숙해져만 가는
습관적인 나태한 행동을
처음 그 순수 사랑으로 되돌릴 순 없을까

신 앞에 서서
몇 점 사랑인지 확인하는 날
매 맞지 않도록
후회하지 않도록

그대, 사랑하지 못한 날 용서해 주오
비움으로 때로는 채움으로
늘 충만한 사랑을
노래 부를 수 있도록
춤출 수 있도록
신이시여,
나를 잡아주소서

제4부

아담

아담

거대한 조직의 톱니바퀴 속에서
미친 듯이 달려가고 있다
미치려면 온전히 미쳐야 할 텐데

쓴 약도 단 것처럼
땀 흘리지 않은 재물들을
언제 토할지도 모르면서
꿀꺽꿀꺽 잘도 삼키고 있다

명예가 멍에인지 모르고
허영의 깃발이
언제나 하늘에 펄럭일 것처럼
화려하게 넥타이를 매고 있다

돌아보면 다 부질없는
바로 잊혀질
잠시의 세상사인 것을
자기의 똥처럼 영원히
멸망할지도 모른 채
미친 듯이 달려가고 있다.

습관

만물이 소생하는 봄이 왔나이다.
주여, 봄 소리에 귀 기울이게 하소서
이른 봄, 애써 우리의 정성을
파종하게 하소서
심지 않는 사람이
결코 거둘 수 없다는 진리를 알게 하소서

하지만 우리의 탐욕으로
정직하지 못한 씨를 파종하는
어리석음을 범치 않게 하소서
땀 흘리지 않고 추수하려는
불한당 같은 우리의 완악함을
주여, 거두어 주소서

연약한 우리의 심령을 돌아보사
용기를 주시고
순한 열매 귀한 열매 맺도록
은혜를 내려 주소서, 주여
씨앗을 뿌리는 기쁨과 함께
추수의 기쁨도 얻을 수 있도록

기도

이른 새벽에
내 심령이 갈급하여
주를 찾았나이다
주님을 사랑하노라 고백했던
나의 기도가 허공을 돌고 돌아
나의 마음에 새겨짐을
이제사 깨닫나이다

주님은 보잘것없는 나를 찾으셔서
나의 사랑이라 선포하셨나이다
주님 가신 사랑의 길
골고다의 십자가 길
그러나 주님,
내 영혼은 둔감하여 그 외침의 소리에도
마음의 작은 귀를 기울이지 못했나이다

주님, 베푸는 사랑에 무감각했던
나를 용서하소서
마음이 거칠어서
가난한 이웃을 돌보지 못했던 나의 손을
세상일에만 분주했던 나의 발을

부질없는 말들을 허공에 날리기 바빴던 나의 입술을
탐심으로 얼룩졌던 정직하지 못했던 나의 영혼을
뜨거운 불로 태워주소서

마음의 악한 찌꺼기 제하여 주소서
유혹에 늘 넘어지는 나의 영혼
풀무불로 녹이고 녹이소서
순금純金처럼 정갈한 나의 영혼
만들어 주소서

자존심

살아가는 의미를 깨닫지도 못하고
하루하루를 죽여 왔던
의미 없던 날들을
뒤로하고 싶어라

착하게 산다고 의지해 왔던
마음의 순간들이
그 놈들의 찬란한 번영에
힘없이 무너지고
그 놈들의 포악한 영광의 산업에
모두 쓰러질지라도

찢긴 마음 다독이며
멀리 보게 하소서
그들의 영화榮華
영화映畵처럼 끝날 것을
깨닫게 하소서

온전함을 위하여
사랑을 위하여
낙원을 위하여
상처투성이 지나온 생애의 날들에
마음이 비웃지 않게 하소서

도전

어린 새들이 자라나서
둥지를 떠나듯
늘 애기 같던 딸이
학업을 위하여
훌쩍 떠나갔네

자유를 주체할 수 없던 딸은
해보고 싶은 많은 것에
도전한다고 선언했네
그래 너하고 싶은 거
맘껏 해 봐
너의 날개를 힘껏 펼쳐보라 했네

삶이 녹록지 않듯이
꿈과 낭만의 캠퍼스도
현실이었네
많은 것 내려놓고
예수를 위한 십자군에
전념하는 딸이 무엇보다
나를 기쁘게 하네

노래의 날개

사람들이 살아가는 삶의 노래는
실로 다양하여라
즐겁고 밝은 노래를 부르는 사람들
슬프고 어두운 노래를 부르는 사람들
항상 웃으며 긍정적인 말을 전하는 사람들
항상 찡그리며 부정적인 말을 내뱉는 사람들

어떻게 살 것인가?
인생이란 쉽지 않는 바다 앞에서
현명하게 대처하지 못하고
항상 넘어지고 쓰러지는 우리들
왜 그런지는 생각하지 않은 채
내 눈 속의 대들보는 보지 못하고
남 눈 속의 티끌만을 후벼파고 있는지

내 인생의 봄날에 씨를 뿌리고
내 인생의 여름에 꽃을 피우고
내 인생의 가을에 열매를 거두고
내 인생의 겨울을 사랑으로
따뜻하게 물들이고 싶다면

쓰나미

3월 11일 오후 2시 46분
일본 동북해안에
규모 9.0 대지진의 습격

대형건물이 흔들리고
집이 무너지고
도로가 갈라지고
원전이 폭발하고

연이은 쓰나미의 급습
20m가 넘는 거대한 파도가
무수한 배, 집, 자동차, 기차, 비행기를 삼켜서
사정없이 육지로 넘어서네

그 아비규환 속에서
비명 지를 틈도 없이
속수무책

수천 명이 사망하고
수만 명이 실종된
뉴스특보 앞에
아, 아아,

이 일을 어쩌지…
이 일을

애타게 불러보지만
메아리는 없고
산 자는 죽은 자를
구원할 수 없음을
어찌할 수 없음을

대지진 앞에
쓰나미 앞에
다 무너지고
쓰러져 버린
흔적조차 없는
허탈함과 막막함

절망의 나락
끝이 보이지 않네

오, 신이시여
저들을 불쌍히 여기시어
구원하소서

명령

풍요가 일상이 되고
정신의 세계가
재미와 오락으로 가득찬
오늘의 젊음들은
주님이 당신을 사랑한다는
메시지를 귀 넘어 듣는다

대화하고
밥 같이 먹고
사랑하는 마음으로
같이 생활해 보지만
주님 영접하는 일
너무 힘들어 하네

내 어린 양을 먹이라
내 양을 치라
내 양을 먹이라
쉬우면 누군들 못하리

주님, 내게
지혜와 용기 주시고
죽어가는 영혼
자비로 보듬게 하소서

오직 주님의 양을
치도록
먹이도록
도와주소서

성지순례

하나님을 믿는 사람이라면
누구나 한 번쯤은 가보고 싶은 곳
성경 속의 거룩한 장소들

안식년을 맞아
사랑하는 아내와 함께
성지순례를 하기로 했네

재스민혁명으로 인해
이집트의 룩소는 보지 못했지만
모든 일정은 은혜가 충만했었네
함께한 여행팀도 환상적이었네

출애굽의 여정을 따라
모세를 생각했네
이스라엘 백성을 생각했네
광야의 큰 의미를 체험했네

다윗과 솔로몬
예수님과 제자들의 발자취를
따라 걸었네

예루살렘
겟세마네동산
갈릴리에서

희미했던
잘 이해가 되지 않았던
성경 속의 이야기들이
인물들의 믿음들이
생생하게 살아났네

신기루

주여,
탐욕의 어둔 밤을
사모하지 않게 도와주소서

대낮보다 밝은 때론
어렴풋한 신기루를 찾아
하루살이처럼 달려가는
인생이 되지 않게 하소서

어두움이 쾌락으로
짙은 화장을 하고
남창처럼 우릴 유혹하더라도
아침이면 부질없음을
바로 깨닫게 하소서

주여,
세상의 주류가 밤인 것 같지만
주님이 창조하신 광명한 대낮인 것을
늘 알게 하소서

갈등

예루살렘은 갈등의 용광로
아브라함의 후예들이
다른 배를 탔기 때문에

질투는 질투를 낳고
갈등은 갈등을 낳고
전쟁은 전쟁을 낳고

서로를 받아들이지 못하고
차이의 골이 너무나 깊어져서
비탄의 황금성이 되었네

평화의 도시라는 네 이름
모든 사람 앞에 부끄럽구나

장벽을 치고
눈을 부라리고
총을 겨누고 있는
너흰 형제 아닌가

전도

중국에서 유학 온 제자 두 명을
대학교회에 출석시켰네
토요일마다 문자도 보내고
세례받은 친구에게
교회 잘 출석하는지 감독하라 했네

밥도 사주고
같이 엠티도 하면서
때론 여행도 같이 하고
집에도 초대했네

성경 이야기도 하고
찬송도 하고
나름 교회출석을 열심히 하길래
난
세례받지 않으면
졸업유보라고 위협까지 하면서
은근히 채근했네
그러나 결국 세례받지 않고
자기 나라로 훌쩍 떠나갔네

사상과 현지의 생활을 뛰어넘어
주님을 영접하며 산다는 일이
쉽지 않으리라 짐작은 하지만
도道를 전하는 일
멀고 멀게만 느껴지네

한 영혼을 구원하는 길
쉽지 않다는 걸
많이 힘든다는 걸
현실이네

사랑의 물음표

사랑하는 사람을 위해
내 목숨을 바칠 수 있을까
아무리 생각해도
그런 순간이 오면
피해가지 않을까
내 살려고

죽음을 무릅쓰고
우리를 사랑한
예수
십자가를 지고
땀방울이 핏방울이 되어 떨어진
그 길,
고난의 길*을 걸으면서
그때의 심정이 어땠을까
생각하며 눈물짓네

나는 아직도 철들지 않는 남자
영~철이 없는 남자
사랑하는 사람을 위해
목숨 바칠 생각은 않고
얇은 피부로만 사랑하는
그런 남자는 아닌지

가을이 익어 가는 날
내 마음의 호수에
사랑의 물음표를 던져본다.

*고난의 길 : 예수가 십자가를 지고 걸어간 비아 돌로로사(via Dolorosa) 길.

비가 悲歌

사랑방 주인은 아버지
엄마가 사랑받으러 갔을까
사랑방 관리인은 목자
양들은 사랑을 받으러 와야지
왜 안올까

사랑방보다 겁나게 재미있는 게 많아서야
골프
게임
TV
맛집 여행…

남자끼리 있어서 재미가 없는 걸까
보이지 않는 천국보다
보이는 세상이 더 좋은 게 틀림없어

사랑방에는 시커멓게
가슴이 멍든 목자가
하얀 양이 오기를
한없이 기다리고 있다.

가을 들녘

하양
분홍
빨강
코스모스 진한 향들이
어우러진 들길을 걸어보니
아름다운 날의 추억이 떠오르네

연노랑
노랑
진노랑
고개 숙인 벼들이 입은 옷들은
몬드리안의 그림보다
승하구나
겸손하구나

가을 들녘을 바라보며
따뜻한 햇볕을 주신 이에게
적절한 비를 내리신 이에게
호흡할 바람을 주신 이에게
두 손 모아 감사하네

나는 떠나네

나는 떠나네
순례길을
지금껏 걸어온 길을
잠시 접어두고
새로운 꿈을 안고
나는 떠나네

기쁨과 설렘으로
가슴은 뛰고
열리지 않는 미래를 상상하며
나는 떠나네

내가 가는 길
항상 순탄치만은 않겠지
바람 불고
폭우가 쏟아지고
살갗을 태우는 뙤약볕
쉬임없는 오르막과 내리막
힘들고 어려운 순간
때론 기쁨과 환희의 순간
고개마다 숨어
나를 기다리고 있겠지

내게 주어진 생의 순간들이
나를 위한 주님의 사랑이
얼마나 기쁘고 아름다운지
얼마나 놀랍고 감사한지
온몸으로 느끼려고

나는 떠나네
순례길을

동행

하나님과 동행하기를
원하는 우리들이지만
그 길은 결코 쉽지 않네
세상의 유혹과
우리들의 탐욕 때문에
우리의 말과 행동은
매순간 그분과 어긋나기 일쑤다

세상에서 성공하고 부자 되는 것
신자들도 모두 거기에 초점을 맞추네
복만 추구하는 신앙인들
하나님도 때론 슬프고 귀찮으실 거야
허구한 날 이기적인 우리의 기도를 들으면서

믿음생활 잘하는데
왜 이렇게 힘드냐고
불평하는 자
가슴에 손을 얹고 물어볼 일
진정으로 나는 하나님과 동행하고 있는지

월드비전

사랑의 마음을 담아
꽃씨를 뿌린 지 5년

아들딸처럼 마음이 쓰였네
건강하게 자라라 기도했네
예쁘게 자라라 소원했네

키가 작아 안쓰러웠네
바람 불면 날아갈까 걱정했네
인형만 좋아한다는 말에도
선물하지 못해 미안했네
그래도 내 작은 사랑의 마음이
꼭 전달되었으면 좋겠네

그림을 그려 보냈네
건강하다고 편질 써 보냈네
환한 웃음꽃 핀 얼굴을 사진으로 보냈네

사랑의 마음이 꽃이 폈네
꽃은 열매로 탐스럽게 익어 가네

사랑과 기도와 성찰의 시
–이영철 시인의 시세계

유 강 희 시인, 우석대 문예창작학과

몇 년 전에 작고한 어느 작가의 말을 듣고 큰 울림을 받은 적이 있다. 그 작가는 모름지기 문학을 하려는 자는 연민이 있어야 한다. 연민이 없는 자는 문학을 시작하지도 꿈꾸지도 마라, 라는 요지의 말을 했다. 이 말을 곰곰이 되새겨 보면 문학은 나의 '보잘것없음' 을 알고, 알아서 타인에 대한 깊은 '마음쓰임' 으로 나아가라는 말로 들린다. 여타 종교에서 말하는 대자비나 사랑도 바로 그 연민의 다른 표현일 것이다.

이영철 시인이 이번에 펴내는 여섯 번째 시집 『행복한 바보』를 관통하는 시의 핵심이 되는 단어도 바로 '연민' 이다. 이 연민은 달리 '비애' 라는 말과 바꿔 써도 무방할 듯싶다. '연민' 과 '비애' 는 슬픔을 매개로 하나로 이어진 연리지와 같기 때문이다. 다만 '비애' 라는 말을 쓸 때는 시인의 감정이 좀 더 개인적이고 주관적인 성향을 띤다는 점일 것이다.

이번 시집에서는 그 '연민' 과 '비애' 가 서로 스미고 충돌하고 뒤섞이는 가운데 하나의 시적 '빛' 으로 재탄생하는 과정을 보여주고 있다. 그럼 지금부터 그 빛으로 가는 길 위의 풍경과 빛의 내용을 들여다보자. 이를 통해 이영철 시인의 '영혼의 무늬' 를 읽어낼 수 있다면, 이 시집을 읽는 우리도 기꺼이 '행복한 바보' 가 되기를 자처하지는 않을까.

먼저 이 시집의 맨 앞에 있는 시를 읽어보도록 하자. 시인의 서시와도 같은 이 시는 간명하고 절절하다는 점에서 시인의 품성과 시적 스타일을 한눈에 엿볼 수 있다.

> 사람 하나 사는데
> 뭐가 그리 필요한지
> 없어도 될 물건 잔뜩 쌓아놓고
> 파묻혀서 산다
>
> 버리고 비우고
> 홀가분하게 살아도 될 것을
> 아까워서 게을러서
> 이고 지고 산다
>
> 귀중하고 소중한 것 한 가지
> 가슴에 품으면 될 것을

잡다한 것
필요 없는 것
노예로 산다.

―「가볍게」전문

이 시의 전문을 옮겨 보았지만 따로 해석의 필요를 느끼지 못할 만큼 쉽고 담백하다. 오히려 이 시에 무언가를 덧붙인다면 군더더기가 될 것이다. 그만큼 이 시의 메시지(시인의 발언)는 선명하고 명쾌하다. '가볍게' 살고 싶지만 그러지 못하다는 것을 몇 마디의 진술을 통해 우리 앞에 '고백'하고 있는 것이다.

이 고백은 자신의 내부로 향하고 있으면서 동시에 외부로 향하고 있다. 현대인의 버리지 못하고 비우지 못하는 무한 욕망을 은근히 질타하고 있는 것이다. "없어도 될 물건 잔뜩 쌓아놓고" "노예로 산다"고 말하고 있는 것이다. 그것도 요란한 이미지와 비유를 동원하지 않고 조용히 타이르듯이 말이다. 그 '타이름' 속에는 시인의 진솔함이 짙게 배어 있다. 때문에 '노예'라는 말이 단박에 훅, 가슴을 치고 들어온다. 누군들 노예로 살고 싶겠는가. '사람'이라는 보통명사가 이를 잘 증명하고 있다. 그래서 이 시의 제목 '가볍게'는 결코 가볍지 않다. 전체 시를 이해하는 데 중요한 자리매김으로 작용하고 있기 때문이다.

머리는 숭숭

이빨은 욱신욱신

혈압은 고고

덜거덕거리는 심신의 고단한 일상을

내려다보면서

– 「5학년 5반」부분

원전에서 청춘을 불태웠던 53세의 한 연구원

죽음을 무릅쓰고 방사능 오염이 극심한 곳을 향해

오늘 아침 출근을 결정했네

죽더라도 사람들의 생명을 지키겠다는 비장한 각오

등을 토닥이는 아내의 정성어린 격려가

오늘 아침 눈물에 젖게 하네

– 「방사능 비애」부분

이번 시집의 제 1부에는 주로 삶의 비애가 그려져 있다. 그 비애는 '자연'과 '문명'의 양 방향에서 오는 경우이다. 이 두 세계는 서로 '대립'하고 '부정'하는 세계라고 말할 수 있는데, 시인에게는 모두 눈물겨운 비애, 그 이상도 이하도 아니다. 나이가 들어 머리가 숭숭 빠지고, 원전 사고에 속수무책인 개별적 인간의 눈으로 보면 그 둘의 차이는 아무런 의미가 없다. 원인과 결과에 상관없이 자연적인 현상(「5학년 5반」)과 문명의 이기(「방사능 비애」)가 인간에게 끼치는 슬픔은 느닷

없고 비장하기까지 하다. 또는 "소통과 창의성을 무기로/구조조정의 칼로/냉정하게 때론 무섭게/ 우릴 폐물이라/잘라내고 있네"(「푸른 인생」)와 같이 시인의 시선은 사회문제로까지 옮아가지만, 그것이 즉각적 분노의 촉발로 이어지지는 않는다. 대신 그 슬픔과 비애를 녹여 성찰의 세계로 나아가려는 힘겨운 몸짓을 보여준다.

"내면의 목소리 듣지 못하고/푸른 들판을 지나/다시 걷기 시작했네/뛰기 시작했네"(「내 인생의 오후」)와 "나의 교만에/나의 허풍에/나의 자존심에/브레이크를 걸고/쉬어가라 하네/겸손히 걸어가라 하네/천천히 숨 고르며 돌아보라 하네"(「구안와사」)에서 보여 주듯이 다양한 비애를 질료로 자신의 내성의 목소리에 귀 기울인다. 아니 그렇게 하자고 삶과 세상에 대해 아프게 간청한다. 그 성찰의 힘을 업고 시인은 급기야 "칼국수를 후루루/(…)/싱그랭이에선/행복이 포만으로 잘도 익는다"(「우리밀 칼국수」)고 말할 수 있게 된다.

너무나 복잡한 세상
어떻게 하면
행복한 삶을 살 수 있을까

현대인은 항상
행복을 노래 부르지만
행복은 저 먼 곳에 있구나

단순하게 살아야지
흐르는 물처럼 살아야지
언제나 허허롭게 웃어야지
바보처럼 살아야지

행복이 내게
손님처럼 찾아와
친구가 되고
내 삶의 주인이 되도록

내려놓고
비워내고
맑게
밝게

행복한 바보처럼
살고 싶어라

–「행복한 바보」전문

이 시집의 표제작이기도 한 이 시는 시인이 이번 시집을 통해 무슨 이야기를 하고 싶은지, 혹은 무얼 추구하는지가 환히 들여다보이는 시이다. 그러니까 시인이 시인(자신)의 속내를 아무 꾸밈없이 그대로 드러냈다고 볼 수 있다. 단순하게 흐르는 물처럼 살고 허허롭게 웃는 것. 그것이 바로 바보처럼 사는 것이고, 내 삶의 주인이 되는 길이라는 것. 그곳에 우리가 꿈꾸는 행복이 자리하고 있다는 것. 그게 말처럼 쉽지 않다는 건 누구보다 시인 자신이 더 잘 알고 있을 터. 그래서 시의 마지막 행이 화자의 희망을 드러내는 '싶어라' 로 끝맺고 있다는 거.

이 「행복한 바보」 안에도 이 시집의 맨 앞에 놓여 있는 시와 같은 맥락에서 이해될 수 있는 시어들이 솔찬하다. "내려놓고/비워내고"가 바로 그것. 1부에 있는 '가볍게' 와 2부에 있는 '느리게' 도 의미상 같은 어군에 속한다고 볼 수 있다. 시인이 자주 사용하는 이 말들은 그만큼 이 시집에서 차지하는 비중이 크다는 증거이며 시인에게는 아주 절실한 당면 과제라는 것을 은연중 암시하고 있는 것이다. 그리고 이 시어들은 결국 성찰의 세계로 수렴되는 운명을 안고 있다.

시인은 또 "늘어진 근육들이/쭈글쭈글/보기에도 안쓰럽다//(…)/누가 보아도/언제 보아도/아름다운 감사 근육을/이 나이쯤엔"(「감사 근육」) 갖자고 하거나 "웃음이 저절로 터지지 않는 것은/순수하지 못하기 때문/유머로 개그로/남도 빵!/나도 빵빵!/환하게 웃음빵을 구워나 볼까"(「웃음」)하고 웃음빵을 구워 보자고도 말한다. 이 얼마나 어이없는 일이며 우스꽝스러운 풍경인가. 시의 내용을 통해 시인의 나이를 추측해보건대

50대 중후반일 것으로 짐작이 된다. 그렇다면 시인의 정신연령이 의심스럽다. 어떻게 물리적 상식으로 '감사 근육'을 만들 수 있으며, '웃음빵'을 구울 수 있단 말인가. 평범한 일반인의 눈으로는 도저히 납득이 가지 않는 일이다. 동심의 아이라면 몰라도.

제2부에 실린 시들은 이렇듯 동심을 시작의 바탕 원리로 하는 시편들이 다수가 있다. 행복에의 소망이 가식 없는 순순한 동심에 의해 변형, 변주되고 있다. 이는 이 시집 전체에 관류하고 있는 시적 방법의 하나로 구현되고 있기도 하다.

꿈과
비전과
아이디어와
행복과
한바탕 정사情事를 나누고 싶다.

—「정사」부분

제3부는 '사랑'과 '관계'의 방식에 대한 시적 탐구로 이어지고 있다. 자신으로부터 연인, 이웃, 세계로 확장해 나가는 사랑은 결국 보편적 사랑을 획득하기 위한 지난한 고투로 보여진다. 그런데 그 고투가 피상적 당위성으로 흐르는 경우가 많다. 시인의 구체적 삶으로부터 길어 올려진 좀 더 생활과 밀착, 육화된 고투였

으면 하는 바람이다. 갈등, 모색, 통합의 과정 속에 긍정과 화해의 더 큰 세상을 향해 가는 새로운 시적 방법의 모색이 필요하지 않을까. 그 출발점은 바로 "차이를 인정하고 수용"(「차이」)하는 데서부터 가능할 것이다.

시인은 그러한 점을 또한 잘 알고 있다. 「반려동물」은 지금의 우리 현실을 풍자하고 희화화하고 있다. "그 사랑 인간에게/돌릴 수 없음은/왜일까/여러 가지로 궁금한 아침이다"고 말하는 시인의 내면 풍경은 복잡하고 쓰라리다. 우리 앞에 '사랑'과 '관계'에 대한 '질문'이면서 동시에 그에 대한 '대답'을 던져주고 있기 때문이다. 우리는 인간뿐만 아니라, 동물(자연)과도 어떻게 상생과 조화를 이룰 수 있는지 아프게 묻고 있는 것이다. 그리고 "그대를 바라보는 나의 마음이/어느 날 측은지심으로/살며시 다가왔소"(「측은지심」)라고 말하는 시인의 '진심' 속에서 그 해답을 찾을 수 있을지도 모르겠다. '측은지심'이 곧 연민이 아니겠는가. 그 연민은 또 사랑이 아니겠는가.

시 「정사」는 우리가 생각하는 사랑의 속성과 질을 훨씬 뛰어넘고 있다. 그 사랑은 비약과 도약을 자유자재로 하는 젊디젊은 상상력을 축으로 진행된다. 꿈 · 비전 · 아이디어 · 행복과도 싱싱한 정사를 연출해내는 시인의 도발적 사랑과 관계에 대한 성찰은 아슬아슬 아름답다.

너와 나, 우리 속에
자비의 나물
사랑의 양념 듬뿍 넣고
조물조물 맛있게 비비면
기막히게 아름다운
사랑의 비빔밥
만들 수 있을까

–「사랑의 비빔밥」부분

시인은 이렇게 '비빔밥의 사랑'과 '비빔밥의 관계' 속에 자신을 우겨넣고 싶은지도 모르겠다. 함께 먹는 음식은 단순히 우리 몸을 생육, 생존케 하는 이상의 의미가 있다. 그것은 존재 이유이면서 존재의 근거를 이루는 지고의 정신이 행하는 의식과도 같은 것이다.

나는 아직도 철들지 않는 남자
영~철이 없는 남자
사랑하는 사람을 위해
목숨 바칠 생각은 않고

–「사랑의 물음표」부분

다윗과 솔로몬
예수님과 제자들의 발자취를
따라 걸었네

예루살렘
겟세마네동산
갈릴리에서

희미했던
잘 이해가 되지 않았던
성경 속의 이야기들이
인물들의 믿음들이
생생하게 살아났네

—「성지순례」부분

제4부에 이르러 시인은 "살아가는 의미를 깨닫지도 못하고/하루하루를 죽여 왔던/의미 없던 날들을/뒤로 하고"(「자존심」) 성지순례를 떠나기로 결심한다. 그것은 바로 참되게 살려는 한 사람의 종교인으로서 혹은 자연인으로서의 '자존심' 이기도 하다. 그러나 그게 마음먹은 것처럼 쉬운 일은 아니다. "지금껏 걸어온 길을/…접어두고"(「나는 떠나네」) 떠나야 하는 길이기에. 그렇지만 그 일은 어렵고 힘들다고 멈출 수 없다. 절대적 "하나님과 동행하기"(「동행」)를 꿈꾸고 있기 때문이다. "어렴풋한 신기루를 찾아/하루살이처럼 달려가는/인생이 되지 않게"(「신기루」)하기 위해서이다. 때로는 그 힘듦을 자신의 이름에 빗대어 "영~철이 없는 남자"라고 자조하기도 한다.

하지만 그는 이 성지순례를 통해 하나를 얻었다. "다윗과 솔로몬/예수님과 제자들의 발자취를/따라" 걷는 동안 "잘 이해가 되지 않았던/성경 속의 이야기들이/인물들의 믿음들이/생생하게 살아났"기 때문이다. 이 하나면 족하다. 이 간단하지 않은 수고를 통해 얼마간은 이 부박한 현실을 혼자 힘으로 극복할 수 있는 한 모금의 생명수를 얻었기 때문이다. 자신의 몸속에 '살아나는 생생한 말씀(믿음)'을 새겨넣었기 때문이다. 그리하여 이 순례는 시인에겐 결코 적지 않은 수확이며 읽는 독자에겐 자신도 한번 인생의 의미를 찾아 순례를 떠나보고 싶은 간절한 염원을 품게 한다.

이른 새벽에
내 심령이 갈급하여
주를 찾았나이다
주님을 사랑하노라 고백했던
나의 기도가 허공을 돌고 돌아
나의 마음에 새겨짐을
이제사 깨달나이다

주님은 보잘것없는 나를 찾으셔서
나의 사랑이라 선포하셨나이다
주님 가신 사랑의 길
골고다의 십자가 길

그러나 주님,
내 영혼은 둔감하여 그 외침의 소리에도
마음의 작은 귀를 기울이지 못했나이다

주님, 베푸는 사랑에 무감각했던
나를 용서하소서
마음이 거칠어서
가난한 이웃을 돌보지 못했던 나의 손을
세상일에만 분주했던 나의 발을
부질없는 말들을 허공에 날리기 바빴던 나의 입술을
탐심으로 얼룩졌던 정직하지 못했던 나의 영혼을
뜨거운 불로 태워주소서

마음의 악한 찌꺼기 제하여 주소서
유혹에 늘 넘어지는 나의 영혼
풀무불로 녹이고 녹이소서
순금純金처럼 정갈한 나의 영혼
만들어 주소서

-「기도」전문

시인은 비애(연민)와 성찰, 그리고 소망과 사랑의 세계를 지나 순정한 한 사람의 종교인으로 다시 돌아왔다. 그 지난한 과정은 "혼자서 행복하게 살 수는 없다. (…)비우고 비워서 맑은 향기를 내는 겸손한 사람은 모두를 행복하게 하는 사람이다."라고 자서에서도 밝히고 있듯이 겸손한 사람이 되는 길로 요약할 수 있을 것이다. 겸손한 사람은 비우고 비워서 가벼워지는 사람, 바닥으로 내려가는 낮은 사람일 것이다. 그 자리에서 순정한 영혼은 비로소 무릎을 꿇고 두 손을 모은다.

"가난한 이웃을 돌보지 못했던 나의 손"과 "탐심으로 얼룩졌던 정직하지 못했던 나의 영혼"을 "뜨거운 불로 태워주소서"라고 시인은 소리 없이 울부짖는다. 그리하여 끝내는 "순금처럼 정갈한 영혼"으로 다시 부활하기를 꿈꾼다. '나'를 뛰어넘어 '가난한 이웃'을 향한 그 영혼의 절규는 이렇게 시 「기도」를 통해 아름답고 절절하게 우리의 가슴에 와 닿는다. 마침내 '구원(기도)'의 형식이 '성찰'을 업고 '사랑'을 낳았다. 이로써 시인이 걸어온 길의 풍경이 외롭고 쓸쓸하지만은 않다는 것을 벌써 독자는 눈치 챘을 것이다. 그 길 위에서의 빛의 내용이야 더 말할 것도 없다. 이제 '행복한 바보'가 되느냐, '불행한 노예가' 되느냐는 순전히 우리 몫이 되었다. 그 설레는 선택 앞에 당신도 이미 예외일 수 없다. 그 '예외일 수 없음'이 기쁘지 아니한가.

이영철 제6시집

초판인쇄 2012년 5월 10일
초판발행 2012년 5월 15일

지 은 이 이 영 철
발 행 인 서 정 환
편 집 인 백 시 종
주 간 채 문 수
편 집 장 김 정 례
편집차장 박 명 숙
편 집 권 은 경 김 미 림
펴 낸 곳 도서출판 계간문예

주 소 서울시 종로구 익선동 30-6
운현신화타워 207호
전 화 02) 3675-5633
등 록 2005년 3월 9일 제 300-2005-34호
e-mail qmyes@naver.com

ISBN 978-89-6554-043-4 (03810)
값 10,000원